AF245794

LE FAVORIT

D'ANGLETERRE,

Dediè

A Monseigneur le Duc de Buckingam.

A PARIS,

Iouxte la Copie imprimée.
1626.

LE FAVORIT
D'ANGLETERRE,

Dediè

A Monseigneur le Duc de Buchingam.

PIERE Gauerston, homme autant superbe, ambitieux, & turbulent, que la terre porta iamais, fut fils d'un Gentilhomme Gascon, lequel fut bien aymé du Roy d'Angleterre Edouard premier, tant pour sa vertu & valeur, que pour les beaux exploicts de guerre, & bons seruices qu'il lui auoit faict. En consideration & recognoissance desquels, il fist nourrir & esleuer Pierre de Gauerston encores ieune enfant auec le petit Edouart son filz. Ce ieune Prince s'addonna tellement à aymer Pierre, qu'il ne tenoit compte des enfans des Princes & grandes seigneurs, & ne vouloit estre seruy d'autre que de luy. Et encor que le dict Gauerston fist bonne mine & belle contenance d'aymer reciproquement ce ieune Prince, il aymoyt toutes fois plus les presens qu'il en receuoit, tirant par deuers soy tous les thresors & ioyanx pretieux qui deuoyēt appartenir au filz du Roy lesquelz il enuoyoit aux marchāds d'outre mer, pour les faire profiter à son aduantaige. Comme l'aage creut à Gauerstō, la malice creut quant & quāt, & se rendit en fin insuportable à tout le monde, que pour les plaintes qui se faisoient de luy, & de sa vie, le Roy fut contrainct par l'aduis commun des plus grands, de le chasser hors d'Angleterre. Cest Edouart surnommé le bon Roy, apres auoir regné trente cincq ans, se sentāt proche de sa fin, enuoya querir son filz, pour receuoir sa behediction, & entendre de

A 2

luy

luy fa derniere volunté, Auquel entre autres chofes il luy recom-
manda & commanda fur peine d'encourir fa malediction qu'il
fe gardaft de reuoquer d'exil ledict de Gauerfton, qui auoit efte
chaffé du Royaume, par la fentence des Seigneurs du pays, fi ce
n'eftoit que tous fuffent d'accord de cefte reuocation. Car ce bon
viellard cognoiffoit, combien il eftoit important pour le bien de
fon fils, & du Royaume, que cefte pefte ne retournaft en Court. En
fecond lieu, il luy fift entendre, comme il avoyt pris la Croix, pour
aller en perfonne en la Terre faincte, defendre les Chreftiens
contre la violence des infidelles. Or puis que ie nay eu le moyen
dit il, de faire ce voyage, & de m'acquiter de mon voeu, voila
trente deux mille marcx d'argent, que iay deftinez pour y enuoy-
er cent quarante hommes d'armes, auec eux mon coeur, que ie
defire y eftre enterré. Et cela fait, i'efpere en mon Dieu, que toutes chofes leur fuccederont heureufement. Ie vous recommande
donc ceft affaire, & vous commande de la puiffance paternelle
que iay fur vous (mon fils) & fur peine d'encourir ma malediction,
que vous debues grandement redoubter, que vous n'employez ny
defpendiez ceft argent en autre vfaige & fi vous faites autrement,
vous ferez les plus malheureux Roy de la terre. Le Roy eftant de-
cedé Edouart fon fils ne fe foucia des propos que luy auoit tenu
fon Pere, & n'executa aucuns de fes commandemens: car contre
l'opinion, & volunté de tous les Princes & feigneurs il reuoqua
Pierre de Gauerfton, lequel tout auffi toft il feift Cheualier, &
luy donna les trente deux milles marcz d'argent, que fon pere
auoit dedié à fecourir la terre Saincte, Depuis ce Gauerfton eut
le coeur fi enflé & deuint fi infolent, qu'il brauoit tout le monde, & fe mocquoit des grands Seigneurs du Pays, appellant le
Comte de Lanclaftre badin, Le Comte de Pembroc Iofeph le
Iuif, pour ce qu'il eftoit pallé & long: & le Comte de Waruic
chien noir. Et ainfi faifoit il de tous les autres, iufques à ce qu'ayant eu la tefte tranchée, il montra par vne fin fi miferable, qu'il
ne faut que vn tel petit compagnon fe ioue ainfi, & fi mocque des
Grands Seigneurs au lieu de les honorer & refpecter.

Eftant donc Gauerfton reuoqué comme dit eft, outre l'argent
deftiné

deſtiné pour le voyage d'outre mer, Edouard le ieune, luy donna encores la Comté de Cornubie, & l'Iſle de Man, principal
piece & appartenance de la coronne, ſans en prendre l'aduis
de pas vn des Princes & Seigneurs du pàys. Il feit encores plus
Car ſe deliberant de paſſer en France pour eſpouſer Madame
Iſabeau, fille du Roy Philippe le Bel, il luy laiſſa le gouuernement
& l'adminiſtration de tont le Royaume, qui apporta vn grand
deſpit,& malcótentemét à tous les Seigneurs du Pays. Les nópces
faictes & celebrées àBoulogne, auec toute la magnificence qu'on
eult ſceu deſirer,& auquel aſſiſterét le Roy d'Allemagne ſon fils,
& le Roy deSicille, Edouard repaſſe en Angleterre auec la nouuelle
eſpouſe. Et lors les Princes & grandes Seigneurs vienét au deuât,
& s'eſtudient à l'ennuy l'vn de l'autre, qui leur feroit plus grand
honneur. Entre les autres ſe vient preſenter Gauerſton, qui fut
le mieux receu, plus careſſé, & regardé de melieur oeil que pas
vn. Choſe qui redoubla à ces ſeigneurs l'ennie qu'ils auoyent
ia conceue contre ce petit mignon, ſe reſeruans d'en auoir la
raiſon en autre temps Or le iour de S. Mathias, que le Roy & l
Royne deuoyent eſtre coronnez, les Comtes & Barons d'Angleterre, traiterent enſemble des affaires de l'eſtat, & requiré
au Roy que Gauerſton fuſt chaſſé du Royaume. A quoy ne youl-
llant conſentir, ſe deliberent d'empeſcher ſon couronnement.
Ce que craignaut le Roy leur promit & iura de bonne foy,
qu'il feroit tout ce qu'ils voudroient au prochain Parlement
qui ſe tiendroit. Le Roy & la Royne furent dont coronnez à
weſtmonſtier auec vne grande ſolemnité & magnificence: où
aſſiſterent Charles, & Louys Comtes & Oncles de la Royne Ie-
anne, Duceſſe de Brabant, le Comte de Sauoye & pluſieurs autres Seigneurs. Or entre autres belles ceremonies qui ſe obſer-
uent au couronnement des Roys, l'vne eſt que le calice & patine
de S. Edouard, ſont porté par le Chancelier, s'il eſt de Egliſe;
& la couronne & les autres ornements royaux par les Seigneurs
ſelon leur rang & dignité. Le Roy y eſtant perſuade, qu'il n'a-
uoit homme de plus grand merite, que ſon mignon, luy feiſt
porter la couronne, quoy qu'il euſt les mains ſouillées, & aux

A 3

Com.

Comtes & Barons la Croix, la verge, les esperons, & les espees, dont à bon droit tout le clergé & le peuple furent grandement indignez.

Cela faysoit leuer les cornes à Gauerston, & augmentoit son insolence de plus en plus. Tellement que ayant le iour de son couronnement fait crier vn tournoy à walingfort, pres le chasteau, il y assembla de toute part grande cheualerie, & feist fouler indignement souz pieds de son cheual les Principaux Seigneurs du pays, qui venoyent contre luy. Entre lesquels estoyent Thomas Comte de Lanclastre, Humfroy Comte de Herford Emeri Comte de Pembroc, & Iean Comte de Veranne qui estoient presque tous les principaux du Royaulme. Lesquels portans fort impatiemment l'arrogance de Gauerston, & l'iniure qu'ils auoyent receuë, cerchoyent de iour en iour les moyens de le ruyner. Tellement qu'en l'an 1310 & le second du regne du ieune Edouard, les plus grands & principaux du Royaulme, considerans que le Roy estoit enforcené de l'amour de cest homme, qu'il ne faisoit estat d'autre conseil & compagnie que de la sienne, que toutes affaires du royaume se vuidoyent par l'aduis de ce mignon, & rien ne passoit, & ne s'expedioit, s'il ne parloit, s'il ne luy plaisoit: se trouuent grandement indignez & fachez: mais encores plus de que ce gallant aymoit plus l'argent que l'equité, les presens que la iustice, & qu'il faisoit enleuer les deniers qu'il auoit pillé, & meschamment acquis en ses fortes places, ou bien les enuoyoit aux marchans d'outre mer, pour les faire proffiter comme dit est. Et ce qui augmentoit encores plus leur iuste corroux & douleur, estoit de se veoir ainsi mesprisez, brauez & precedez aux dignites & honneurs par ce Gascon, auquel il ne se pouuoit remarquer aucune apparence de vertu, ny de prudence qui le recommandast. Voyes vous (disoyent ils l'un à l'autre) comme nous perdons nostre temps d'endurer dauantaige l'orgueil de ce meschant & pernicieux homme.

L'estat s'en va perdu, s'il vit encores guerres de temps. Il est donc de necessité d'en purger le pays, le faire mourir, de peur

que

que par l'authorité du Roy, dont il se ioue, & la puissance qu'il
a, il ne nous introduise en ces Royaumes des estrangers, qui ne
violeront pas seullement nos belles loix & bonnes, mais nous
chasseront en fin de ce pays. Ils demeurent tous fermes en ce
propos & resolution, & en fin, quoy que bien tard, selon la
coustume des Anglois, se voyans reduit à vne grande necessité,
s'en viennent au Roy sans faire bruit, & le supplient humble-
ment, qui luy plaise desormais traiter les affaires de son roya-
me, qui auoyent grand besoing d'estre reglées par le conseil de
ses Barons, afin d'obuier aux dangers eminens, qui menaçoient
l'estat. Cela leur fut accordé par le Roy, lequel à ces fins fait a-
ssembler son Parlement, & y appella ceux qui auoyent de coustume y assister. En ce Parlement ils supplierent instamment
sa Maiesté, qu'il donnast plaine puissance & auctorité aux Barons de dresser des articles concernans le bien & vtilité tant de
son seruice, que de royanme & de toute l'Eglise d'Angleterre.
Le Roy l'apperceut ausi tost ou tendoit leur requeste, & se de-
fia qu'ils vouloyent demander la confirmation de la grande
charte (qu'ils appellent) ou celle de la forest, ou bien (ce qu'il
craignoit le plus) qu'ils volussent ordonner, que Gauerston seroit banny du Royaume. Cela fut cause qu'il fut long temps à
se resouldre, & à rendre responce à ceste requeste. Toutes fois
vaincu par importunité, il se laissa aller en fin, & leur promit
derechef, maintenir & garder tout ce qu'il ordonneront. Ayant
donc en ce consentement du Roy, ils bastirent leur conseild e
six Duques, & plusieurz du Clergé assistez de personaiges du
tiers Estat, sages & bien aduisez pour dresser lesdicts articles.
Pierre de Gauerston s'estant trouué en ce Parlement, ne rabat
rien de son orgueil accoustumé, ains dedaignant les Barons selon la façon ordinaire, desgorgea plusieurs propos iniurieux
contre quelques vns. Ce que toutes fois ils dissimulerent encores
esperans tousiours que le temps leur ameneroit quelque occasion d'en prendre la vengeance, comme de toutes ses autres in-
solences. Ce qu'il ne pensoit que iamais il aduint, tant estoit
auenglé. L'année donc 1311 & le 3. du regne dudict Edouard

ij feit tenir le Parlement à Londres, ou se trouua toute la Noblef-
fe du Royaume, & là furent reprefentez au Roy les articles dref-
fez, comme dit eft, pour la reformation de l'Eftat, lefquelz les
Barons requeroyent inftamment d'eftre confirmez par fa Ma-
iefté & feellez de fon feau : & auffi qu'il preftaft ferment de les
garder & obferuer inuiolablement. Le Roy eftimant que pour
lors il ne failloit rien refufer aux Barons, feift le ferment requis,
& condefcend a toute leur demande. Et afin que lefdicts articles
fuffent encores mieux gardez l'Archeuefque de Cantorbie auec
fes fuffragans, prononça fentence d'excommunication contre
ceux qui y contrauiendront. Cela faict, lefdicts Articles furent
leuz publiquement en l'Eglife de S. Paul a Londres, en la pre-
fence du Roy, des Prelats, Barons & Seigneurs du Royaume, entre lefquelz on demandoit, que la grande charte fuft obferuèe a-
uec plufieurs autres prouifions neceffaires pour le bien de l'Eglife & du Royaume. Que le Roy chafferoit de fon pays (felon le
commandement du feu fon Pere) tous eftrangers, & ceux qui
luy donnoient mefchant & pernicieux confeil. Qu'a l'aduenir
toutes les affaires feroyent decidees par l'aduis du Clergè & des
Barons. Qu'il n'enterprendroit dorefenauant guerre, ne feroit
aucune leuee d'impoft, & n'alieneroit aucune chofe de fon domaine, fans le confeil des deffufdits. Cela defpleuft merueilleufe-
ment au Roy. Toutesfois il fut contrainct pour lors d'en paffer
par la. Tellement que Pierre de Gauerfton fut condamnèe de
vuider l'Angleterre, & d'eftre relegué en Hibernie : Mais le Roy
ne confirma pour lors les autres Articles. Si eft ce que les Barons
& Seigneurs furent fort refiouiz d'auoir gaignè fur luy ce point
que Gauerfton feroit chaffè. Tellement que le parlement finy
chafcun fe retira en fa maifon fort content. Mais le Roy en receut
vn tresgrand défplaifir, le voyant priué de celuy duquel il ne fe
pouuoit paffer. Cela fut caufe que cherchant & recherchant tous
les moyens de le pouuoir rappeller d'exil, il fut en fin confeillé
par l'vn de fe plus intimes & fauoris, que pour le faire retourner
en affeurance : & conferuer à l'aduenir fa fortune auec moins
d'enuie, il falloit luy faire efpofer la foeur du Comte de Glouernie

qui

qui estoit encores ieune & bien aimé de tout le royaume & soubs la tutele & garde du Roy estimant que par ce moyen tous les Seigneurs endureroyét plus facillement de Gauerston, pour l'amour & honneur qu'ilz portoyent au ieune Comte estant vne fois son beau frere. Ce conseil aussi tost donné, voila Gauersston reuoqué, qui ne demeura gueres, qu'il ne fust marié auec la soeur du ieune Comte, lequel n'en fust content. Mais bien tost apres le Roy & ceux qui luy auoyent donné ce conseil, se trouuerent grandement deceux. Car au lieu que Gauerston se debuoit recognoistre pour l'exil qu'il auoit iustement souffert, & faire son proffit de ceste alliance, elle luy enfla le coeur dauantage, & braua encores plus la Noblesse qu'il n'auoit fait auparauant. Et non content de telles brauades, il effemine & infatue le coeur du Roy, & le destourne de garder la promesse qu'il auoit donné en plein parlement, de ne traicter des affaires du Royaume sans l'aduis des Seigneurs. Il dispose & se ioue comme auparauant des thresors & finances de son maistre, & apres auoir crocheté tous ses coffres, il le rendit si pauure & necessiteux qu'il ne luy demeura vn soul pour subuenir à la despence ordinaire de sa maison. La Royne, pareillement se trouua en vne necessité extreme aussi bien que le Roy, laquelle se voyant reduicte, fut contrainte d'enescrire au Roy de France son pere, non sans vne abondance de pleurs & larmes. Lequel fort estonné d'vn si grand desordre aux affaires du Roy, & d'vn si maigre traictement que receuoit sa fille, par l'artifice de ce mauuais garnement de Gauersston, escriuit aux Comtes & Barons d'Angleterre, qu'il s'esbahissoit comme ilz souffroyent regner vn tel abus & vne telle insolence. Cependant l'orgueil & arrogance de ce galant croissoit tousiours de pis en pis. Il mocquoit des plus grands, il nasardoit les mediocres, & se vantoit qu'en despit d'eux il feroit tout ce que bon luy sembleroit, & ny auroit homme qui l'en peust empescher. Ce que cognoissans les Barós, & mesme que leur trop longue patience estoit cause que Gauersston deuenoit plus proterue & insolent, tous d'vne commune & ferme resolution viennent au Roy, & le prient instamment.

B   de

de chasser ce mignon hors de la cour, en executant les articles.
qu'il auoit si sainctement iurez, aultrement qu'ilz auoyent tous
protesté de se bander, & s'esleuer contre luy comme contre vn
periure. Cela luy sembloit fort estrange par ce qu'il ne se pouuoit passer de la compaignie de ce Gascon. Mais d'ailleurs apres
auoir balancé la necessité ou il estoit, auec les grands biens &
moyens de ces Seigneurs, son impuissance auec leurs forces, il
aduisa qu'il luy estoit force de s'accommoder au temps. Tellemét
qu'il leur accorda la requeste, plus par crainte que par amour,
plus par necessité que par vne bonne & franche volonté.

Et en ceste façon permist que son mignon seroit de rechef
banny, à telle condition, que si par apres il estoit rencontré dedás
les bornes du Royaume, il seroit aussi tost apprehendé, & mis à
mort comme vn ennemi capital de la patrie. Cela fust executé,
& à cest effect fut condui t en France soubs bonne garde; non
sans grands regrets & larmes respandues, par ce pauure banny.
Le Roy de France ayant entendu qu'il estoit entre en son Royaume, le feist rechercher en toute diligence par ses Preuosts des
Mareschaux ausquels il commanda luy mettre la main sur le
collet, & d'en faire punition exemplaire, affin de luy oster les
moyens de retourner en Angleterre, pour troubler encores sa
fille, & brouiller le Royaume. Mais le galand ayant ouy le vent
de ceste recherche, serre bagaige, & se retira en toute diligence
au pays de Flandres. Ou ne se sentant plus asseuré qu'en France,
s'enfuist tantost en vn lieu, tantost en l'autre, comme vn miserable vagabond, ne trouuant aucun repos, ny asseurance, tát il estoit
bourrelé en son ame & en sa conscience. En fin se voyant au d'e-
sespoir & se representant d'vn costé l'alliance qu'il auoit con-
tractée auec le Comte de Glouernie duquel il auoit espousé la
sœur, se delibere, quoy qu'il aduint, de retourner en Angleterre.
Ce qu'il execute aussi tost & menant auec luy quelques Gascós,
se vient iecter entre les bras du Roy, lequel mettant souz le pied
tous les sermens & promesses qu'il auoit faittes, le receut auec
autant de ioye, comme si c'eust esté vn Ange descendu du ciel, &
le retint a sa suitte luy & son train. C'estoit vn peu au parauant

la

la feste de Noel, laquelle le Roy paſſa à Londres en grande ioye
pour la venue de Gauerſton iadis Comte de Cornubie. Mais ſi le
Roy s'en reſioniſſoit toute la Cour auec la Royne, conceuoit grã-
de facherie de veoir le Roy ſi aſſoté & affolé de ce miſerable. Le
bruit courut incontinent par tout que Gauerſton eſtoit retourné
d'exil. Ce qui engendra vn grand deſpit & creuecoeur aux grands
& aux petits, d'auoir eſté iuſques icy ſi malheureux, que de ne l'a-
uoir encores ſceu exterminer de la Cour & ſuitte du Roy, quelque choſe qu'ilz euſſent ſceu faire. Ce fut a lors que tous les plus
grands Seigneurs du Royaume conſulterent enſemble par quels
moyens ilz pourroient mettre fin finale à ce deſordre, & aux grãds
troubles qu'ilz preuoyoient infailliblement arriuer, s'il n'y eſtoit
promptement remedié. Ilz craignoient comme le feu d'exciter v-
ne guerre en leur pays, & n'oſoyent bonnement troubler & tra-
uailler le Roy à guerre ouuerte.

Toutesfois apres auoir peſé & balancé les raiſons & dangers
d'vne part & d'autre, ilz trouuerent que pendant que Gauerſton
ſeroit en vie, le royaume ne pourroit iamais demeurer en paix &
repos, & que le Roy ſeroit touſiours neceſſiteux: & que la Royne
ne ſeroit iamais bien venue, aymée ny honnorée de ſon mary cõ-
me elle deuoit. Apres auoir donc conſideré diligemment tous les
dangers du paſſé & du preſent & preueu ceux qui pourroient arriuer, ilz reſolurent entre eux de ſouffrir plus toſt & endurer toutes choſes, que d'eſtre ainſi ignominieuſement ineſpriſez à l'aduenir par ceſt eſtranger. Ilz eſliſent vn chef pour la conduitte de
leur entrepriſe, Thomas Comte de Lanclaſtre, homme de noble
& ancienne race, opulent en biens, vaillant au poſible, & ſur tout
homme de bien & de vertu. Iceluy donc par la commune opinion de la Nobleſſe, enuoye par deuers le Roy, perſonnes honno-
rables, pour le ſupplier de la part de tous, qu'il leur liuraſt es
mains Pierre Gauerſton, ou bien qu'il luy commandaſt de vuider le Royaume comme il auoit eſté ordonné. Le Roy cõdult par
ſon mauuais conſeil, ne tient pas beaucoup de conte de leur re-
queſte, lequel les quitte la, & s'en vint a neuf Chaſtel ſur Tyne, ou
il ſe iourna iuſques a l'Aſcenſion. Cependant les Barons & Seig-

neurs

neurs confiderans que le Roy fe mocquoi d'eux, affemblent vne
forte armée,qu'ilz font fuiure apres, non pour faire aucun tort
ny fafcherie à leur Roy & feigneur,mais feullement pour prendre Gauerfton, & en faire iuftice felon les iugements, qui en a-
uoyent ia efté donnez. Le Roy voyant que ces Barôs le pourfuy-
uoyent a guerre ouuerte,comme fi c'euft efte quelque banny ou
fugitif,il s'enfuit auec fon mignon en grãd hafte,&fe vint rēdre
a Tynemuth ou eftoit la Royne,qui le pria a chaudes larmes de
demeurer la auec elle. Mais ayant plus de pitie de Gauerftõ, que
de fa femme, & ne fe fentant affeuré, paffa plus outre dans vn ba-
teau,& fe rendent tous deux a Scardebourg,auquel lieu y auoit vn
fort Chafteau,mais il eftoit defgarny d'armes & viures. Le Roy
cogneuft que la place n'eftoit pour lors tenable, qui fut caufe
qu'il s'en vint au pays de waruic, laiffant en ce Chafteau Gauerfton auec quelque nombre de gens,aufquels il le baille a garder,& commanda de garnir la place de viures. Les Barons ayans
defcouuert la fuitte du mignon,ilz fe faififfent des cheuaux, armes,& autre butin,qu'il auoit laiffé a Neuf-Chaftel, lefquelz ilz
font apprecier,& les baillent en feure garde.De la ilz pourfuiuent
leur homme en toute diligence,& le viennent affieger a ce Chafteau de Scardebourg,ou le Roy l'auoit laiffé,& l'affaillirent d'vne
telle furie,que en peu de tẽps la garnifõ qui eftoit dedãs, n'y peut
plus refifter.Et lors le pauure Gauerftõ voyãt qu'il n'y auoit plus
de moyẽ de fuyr,fe rend a eux, foubs condition que fans aucune
exceptiõ,il fe fubmettoit au iugémẽt des Barõs,aufquels il ne demande autre chofe fi non qu'il luy fuft permis au moins encores
vne fois de dire vn mot au Roy fon maiftre auant que de mourir.
On rapporta foudain au Roy la prinfe de Gauerfton qui en fut
tref-marry,il demanda à parler à luy,& pria les Barons de luy fau-
uer le vie,leur promettant que s'ilz luy accordoyent cela,qu'il feroit tout ce qu'ilz voudroyent.
Le Côte de Pebroch trouua la promeffe du Roy honefte,& qu'il
ne la falloit mefprifer,& fuft d'aduis que on luy accordaft fa de-
mãde,fe faifant fort,fur peine de perdre tous fes biens,de leur rēdre Gauerfton fain & fauue apres qu'il l'auroit fait parler au Roy
On luy bailla donc Gauerfton en garde, à la charge de le repre-
fenret

senter sans aucune fraude, aux iours & lieu ordonnez. Ainsi ce Côte le préd pour le mener vers Walingford, & côme il approchoit d'vn villaige nômé Dadigton pres de VVaruic, il le baille en garde à ses gens pendant qu'il passeroit la nuit auec sa femme. Le Côte de VVaruic en ayant ouy la nouuelle s'en vint a la mesme nuit auec grand nombre de soldats, & tire Gauerston des mains des gens du Comte de Pembroch.

Or côme on assembla le conseil pour consulter ce qu'on feroit de Gauerstô scauoir s'il seroit plus expediêt de le tuer, ou biê de le rêndre au Roy qui le demandoit. Quelqu'un de la compagnie hôme de grand ceruean & bien aduisé, se leue, & leur parle de ceste façô. Messieurs ce seroit chose vaine & ridicule, apres auoir long temps couru, & poursuyui yne proye & en fin prinse auec toutes les peines & difficultez du monde, de la laisser eschapper de noz mains, pour courir de rechef apres. Nous nous deuôs souuenir des deportemens dé ce malheureux, des crimes & forfaicts qu'il a cômis, de la perte & dômaige qu'il a apporté a toute la patrie, des mocqueries, mespris & brauades qu'il a faict a vn chascû, de l'arrogance & orgueil dont il a tousiours vsé en tous ses faicts & ses propos. Il faut aussi que nous soyôs memoratifs, des peines & trauaux que nous auons souffert, tant en commun que en particulier, des fraiz & despenses innumerables qu'il a fallu porter, de plusieurs fascheries & ennuys, desquelles ie ne voy encores le bout, qu'il a conuenu endurer auant que prendre ceste proye. C'est pourquoy de peur qu'elle ne nous eschappe des mains, & que ne veniens a tomber és mesmes incôueniens, ie suis d'aduis que cest homme si pernicieux meure plustost, que de voir le Royaume troublé d'aduantaige par vne guerre dont il est cause.

Ce côseil fut trouué tres bon, & fut suyui de toute l'assemblée. Et incôtinét on faict sortir Gauerstô de la prison, lequel eut la teste trenchée, côme vn côtempteur & violateur des lorx, & côme vn traistre & proditeur du Royaume. Voyla côment celuy qui autre fois appelloit le Comte de Waruic chien noir par mocquerie, sentit en fin la morsure picquante de ce Seigneur, comme il luy auoit predit. Le corps de Gauerston fut porté par les Iacobins à Oxford, & demeura chez eux plus de deux ans

                iusques

iufques a ce que le Roy l'eut fait tráfporter en fon palais à Lan-
gley, & enterrer en l'Eglife des Iacobins qu'il y fiſt baſtir, auſ-
quels il aſſigna reuenu, pour viure & pour prier Dieu pour l'a-
me de Gauerſton & des Roys fes predeceſſeurs. Auquel lieu il
feiſt faire vn tres-beau feruice, auec autant de pópe, que fi c'euſt
eſté vn Roy, mais pas vn des Barons & Seigneurs n'y voulurent
aſſiſter. Leſquels en fin eſtans venus à bout de leurs deſſeins, en-
uoyent requerir le Roy, qu'il luy pleuſt confirmer & executer
les Ordonnances qui auoyent eſté faictes, le menaçant que s'il
ne le faifoit en brief, ilz le luy feroyết faire par force. Et de faict
ayans aſſemblé vne armée, ilz viennent occuper tout le pays, qui
eſt aux enuirons de Dumſtapli le Roy eſtant pour lors a Londres. Les Prelats & le Comte de Glouernie, voyant que ceſte di-
uiſion eſtoit fort dangereuſe pour tout l'Eſtat, font tout qu'ilz
peuuent, pour compofer le tout par vne bonne paix, & accorder
les deux parties, Il y auoit auprès du Roy des boutefeux, qui em-
peſchoyent ceſte vnion, & qui par faux rapports, qu'ilz luy fai-
foient des Barons, accroiſſoyent touſiours le mal talent qu'il leur
portoit. Le Pape voyant que ces diuiſions ne pouuoyent apporter
qu'vne confuſion au Royaume & vne grande playe à l'Eglife,
enuoyé exprès deux Cardinaux pour reconcilier ces Princes a-
uec leur Roy, & empeſcher le cours de ceſte guerre qu'il voyoit
allumée. Mais les Princes & Seigneurs leur reſpondirent, qu'ilz
fe paſſeroyent bien de leur conſeil, qu'ilz auoyent en leur compagnie gens de bien & de vertu, & de grande experience, par
l'aduis deſquelz ilz s'eſtoyent gouuernez & conduits, qu'ilz n'a-
uoyent entreprins, ceſte guerre qu'auec iuſte raiſon & gráde ne-
ceſſité, qu'ilz les prioyent de fe deporter de ceſt affaire, de laquelle quand ilz feroyent bien informez ilz eſtimoyent, qu'ilz
iuſtifieroyent touſiours leurs actions. Or le Roy fe fentant foible
tient fon Parlement à Londres l'an mil trois cent & treize, ou
il fait connoquer le Clergé, la Nobleſſe, & le tiers eſtat. Et la il
faict des grandes plainctes deuant tous, du meſpris & rebellion
que luy auoyent faicts les Barons, des dommaiges qu'ilz luy a-
uoyent procuré nagueres à Neufchaſtel, & (ce qui luy peſoit
plus

plus sur le coeur)de la prise & meurtre commis a la personne
de son mignon. Lors les Barons respondent tous d'vne voyx, que
sauf l'honneur & reuerence qu'ilz denoyont à leur Roy, ilz n'a-
uoyent en rien failli en tout ce dont il s'estoit plaint, ains au cô-
traire, que toutes leurs actions meritoyent bien plustost son a-
mour & bonne grace, qu'vne disgrace & desfaueur. Quant aux
armes qu'ilz auoyent leuees que ce n'auoit point esté contre sa
personne, ny pour le mespriser en rien, mais bien ne vouloyent
ilz nier que ce ne fust que pour exterminer l'ennemy public du
royaume, qui auoit esté ia banny tant de fois par le consentemêt
de deux Roys, & de tous les estats du Pays, qui auoit esté cause,
que la renommée du Roy auoit esté diffamée par tous les estrangers: qui auoit pillé & espuissé tout le bien & puissance du Roy
& de Royaume, qui auoit donné occasion d'vne si longue diuision
sion entre le Roy & ses naturels subiects. Ilz adioustent encores
a leur propos qu'ilz vouloyent voir la fin de cest affaire, sans
differer plus longuement par parolles & promesses vaines &
inutiles. Que iusques icy ilz auoient beaucoup despendu & tra-
uaillé pour cest affaire, pour laquelle mesme ilz auoyent mis
tous leurs amis en peine sans tirer aucun fruict de la reformation, qu'ilz auoyent tousiours desirée & recherchée. Les Barons
parlerent ainsi hardiment, & auec telle animosité, qu'ilz prote-
sterêt plustost mourir, que de remettre l'affaire en autre têps. La
Royne sage & vertueuse Princesse marrie de ceste diuision, fait
tout ce qu'elle peut auec les Prelats & le Comte de Glouernie,
pour l'appaiser. Ilz courent vers les vns & les autres, tachant par
belles remonstrances fleschir & amollir le coeur des deux parties, & procurer par ce moyen vne bonne reconciliation. En fin
ilz font tât qu'ilz ameinent le Roy à ceste raison, scauoir qu'il
deposeroit toute haine & malueillêce qu'il auoit côtre ses Barons
& mettroit soubs le pied tout ce qui s'estoit passé entre eux
& luy pourueu qu'ilz se humiliassent deuant luy & deman-
dassent pardon de l'offense faicte contre luy. Et de sa part qu'il
les receuroit en bonne paix & reconciliation sans aucune
dissimulation ou faintise.

Que

Que pour l'aduenir il les traicteroit comme ses liges & feaux seruiteurs,& mettroit a execution finale les Articles par eux tāt des fois demandez. Et pour le regard de la mort pour asseurance de quoy il feroit expedier lettres d'impunité a ceux qui en demanderoyent. Les choses ainsi passées & accordées, les Comtes & Barons cognoissans la necessité du Roy, luy offrirent liberalement le quinziesme denier de leur reuenu temporel. Et en ceste façon chascun s'en retourna de ce Parlement en ioye, en paix, & en repos.

En ce temps mesme, la Royne Isabeau accoucha de son premier filz. Et combien qu'il y eust pour lors plusieurs grands Seigneurs & Dames de France, entre lesquels estoit Louys fils du Roy & frere de la Royne, qui desiroyent qu'on donnat au petit enfant le nom de leur Roy, toutesfois les Seigneurs d'Angleterre ne s'y voulurent accorder, & le nommerent du nom de son pere Edouard, à la natiuité duquel l'Angleterre receut grande ioye. Et le pere en conceut tel plaisir, que cela tēpera la douleur qu'il auoit de la mort de Gauerston. Depuis ce iour la par vne prouidence de Dieu l'amour du pere au fils commença a s'accroistre, & la souuenance de Gauerston s'euanouir, & le Roy s'accommoda a la volonté de ses Barons. Toutesfois comme le naturel de ce Roy estoit muable & inconstant, il ne demeura gueres en cest estat, par le conseil de Hugues le Despensier, qui succeda a Gauerston aux mesmes honneurs, & malice. Car il r'alluma le feu aucunement esteint, des deffiances, haines, & inimities entre le Roy & la Royne, qu'il fist chasser du Royaume, & les Barons & Seigneurs qu'il fist decapiter, comme il sera deduict par ce petit aduertissement, que i'ay adiousté a ceste histoire affin de conduire Edouard iusques au tombeau, comme nous auons faict son mignon.

AV LECTEVR.

SI la condition de Pierre de Gauerston à esté si miserable, celle de ce Roy Edouard le fust encores plus. Froissart au commencement de son histoire recite, qu'il y a eu ordinairemēt vne

telle

telle rencontre en la succession des Roys d'Angleterre, que entre deux bons, il s'en est trouué vn meschant , entre deux belliqueux & vaillans vn fait neant, & entre deux sages & prudens vn dissipateur & prodigue. Cela se recognoist a l'oeil en cest Edouard: son pere & son fils. Car quant a Edouard, fils de celuicy, il fut homme de grand esprit , de grandes entreprinses & grand guerrier, ayant faict souuet paroistre sa vertu & prouesse, tant contre l'Escossois, que contre le Francois, sur lequel apres vne grande victoire il conquist la ville de Calais. Le Pere surnomme aussi Edouard eut trois vertuz entre autres, qui le rendirent espouuentable a ses ennemis, admirable a ses amis, amiable à ses subiects, & recommandable a la posterité. Il auoit grande fiance en Dieu & bon zele à la religion Chrestienne, le vray fondement pour bien establir & conseruer l'estat d'vne Monarchie. Il auoit proposé comme il a esté dit, de faire le voyage de la terre saincte, & y mener vne armée, pour guerroyer les Sarrazins, s'il n'eust este retenu par les guerres ciuiles, & preuenu de mort, qui estoit lors l'exercice de pieté des Roys Chrestiens , n'ayans aucuns ennemys de Dieu plus proches a combattre. Ce fut le plus belliqueux & vaillant de son temps, comme il monstra par experience, en plusieurs belles victoires qu'il obtint sur les Escossois ses voysins, en l'vne desquelles il en desfit iusques au nombre de soixante mille , sans faire perte des sies que de sept mil tant seullement, & adiousta a l'Angleterre toute l'Escosse. Il fut aussi fort amateur de son peuple, & reciproquement bien aymé d'vn chascun, en tesmoignage de quoy on l'honnora de ce beau titre & surnom de bon Roy Edouard. Son fils ne luy ressembla en rien qu'au seul nom, ains degenera du tout de sa race & vertu. Il se mocqua, & ne tint compte des beaux aduertissemens & preceptes qu'il luy auoit donné auant sa mort, dont il encourut iustement sa malediction. Qui fut occasion (comme remarque Walsingam) que tout le reste de sa vie fut suyuie & accompagnée d'vn perpetuel malheur qui le precipita en vne fin encores plus funeste & miserable. Car contre le commandement du pere, il profana & prodigua les deniers destinez pour la deffence

C

de la

de la religion, & les donna a son mignon pour commencer son magazin. En quoy il commist double crime de sacrilege, & d'vne insigne ingratitude & desobeissance a son pere.

Tout ce que son pere auoit côquis sur l'Escossois, fut tout aussi tost perdu par sa faineantise. Car le Roy d'Escosse non seulement reprint & regaigna ce qu'il auoit perdu, mais impieta sur luy vne grande partie d'Angleterre, en laquelle il feist teldegast, qu'il brusla par deux fois, iusques à cincq iournées detendue de pays. Si ne fut il en rien esmeu en tout cela, se reputant encores assez riche & heureux pourueu qu'il ne fut troublé ny interrompu, aux aises & plaisirs qu'il prenoit auec ses mignons. En quoy ie le compareray volontiers a l'Empereur Galien, l'oisiueté & laschete duquel fut cause de la perte & ruyne de l'Empire. Galiê s'amusoit au printemps à faire des maisons de roses, & en l'Automne a faire des Chasteaux de pommes. Et quand on luy venoit annoncer, tantost que l'Egipte s'estoit renolté, tantost qu'il auoit perdu l'Asie, tantost que les Gaulois auoyent secoue le ioug de son obeissance. Et bien disoit il, nous nous passerons facillement du lin d'Egipte, nous viurons bien sans ceux d'Asie, nous n'auons que faire des Gaulois. Et ainsi ie rioyt de la perte des autres Prouinces, qu'on luy annonçoit tous les iours. Il fust mal voulu de son peuple qu'il accabla de grands imposts, apres auoir vendu, engage & donné vne partie de son domaine, & tout pour contêter les mignons. Quel aueuglement, ie vous prie, quelle indignité, quelle cruanté, d'appaurir tout vn Royaume, de faire mourir de faim tant de gens, pour enrichir ie ne scai quels coquins, qui ne seruent de rien au public. Quelle folie & oubliance de donner à vne ou deux personnes indignes ce qui suffiroit à recompenser tous les Cheualiers, & braues Capitaines. O que le Roy est vn mauuais pugille, disoit Alexandre Seuere, que des entrailles des subiets nourrit & esleue gens inutiles, & desquels la republicque ne peut esperer aucun bien. Il traicta indignement sa Noblesse, luy baillant toutes les occasions de malcontentement, & principalement les Barons & Seigneurs qu'il hayoit mortellement, par l'induction de son meschant côseil, qui empeschoit par tout moyê

qu'il

qu'il ne fuſt biẽ auec eux,affin de faire mieux ſes affaires. Ioint qu'eſtant vitieux & depraué,ne vouloit voir les gens de bien & de vertu,qui ſe plaignoyent inceſſammẽt d'vn teldeſordre,qu'ils voyoyent aux affaires de l'eſtat. Et dautant qu'il cherchcoit vn repos ſe plongeant en delices,d'autant plus Dieu permiſt qu'ils fuſt mis hors de repos.Car outre les affaires que luy dõnerẽt les François & Eſcoſſois, les Barons & Seigneurs furent contraints luy faire guerre,comme nous auens dit en la vie de Gauerſton. Et la Royne le voyant chaſſée d'Angleterre ſe refugia tatoſt en France,tantoſt en Flandres,dont elle retourna auec pluſieurs Princes & Seigneurs qui luy aiderent d'argent & de gens, pour auoir la raiſon de luy,& de ſon pernicieux conſeil. Ce qui eſt plus a remarquer en ſes vices, & la perfidie & deloyauté. Ses Barons le contraignirent pluſieurs fois a tenir ſes Eſtats pour reformer les abuz de ſa Cour,auſquels il promettoit mons & merueilles,auec ſerment de garder,ce qui y eſtoit reſolu, mais au partir de la ſe voyant ſorty de la preſſe,il ſe moequoit de ſa promeſſe,& n'en vouloit riẽ tenir.Marc Antoine diſoit que la choſe plus calamiteuſe en l'eſtat eſt quand la foy eſt violée,ſans laquelle nulle vertu peut eſtre aſſeurée,nulle ſocieté entre les hõmes ne peut ſubſiſter,& principalement quand le Roy qui eſt le ſouſtien d'icelle eſt muable & inconſtant en ſes propos, & promeſſes.Il ne peut autrement qu'il ny ait vne perpetuelle defiance de luy a ſes ſubiets,& merite a bon droict(comme dit Ariſtote du menteur)qu'on ne s'aſſeure iamais a luy.Or Edouard ſe ſentant tant de fois trauerſé en ſes aiſes par ſes Barons & Seigneurs qui iuſtement pourſuyuoyent vne bonne reformation,il accompagna par le conſeil de Hugues le Deſpenſier, ſa perfidie & deloyauté,d'vne cruauté inſigne & memorable. Car feignant luy meſme qu'il recognoſſoit la maladie du Royaume, a laquelle il deſiroit remedier il fiſt aſſembler ſes Eſtats.Mais à la verité c'eſtoit pour attraper les Princes & Seigneurs, & les faire mourir. Ilz s'y trouuent fort volontiers,ne ſe defiant de ceſte trahiſon. ains eſtoyent bien ioyeux de veoir le Roy diſpoſé de luy meſme a faire ce qu'ilz ne luy auayent ſceu perſuader. Et lors il en faiȼ

C 2

ap

apprehender iufqu'au nombre de vingt & deux, aufquels il feiſt trencher la teſte. Entre leſquelz il y auoit Thomas de Lanclaſtre fon Oncle homme de faincte vie, qui fit plufieurs beaux miracles apres fa mort & fut en fin canonizé, côme teſmoigne Froiſſart. Quand ie contemple les faicts & dicts de ce miſerable Roy il femble qu'il ait practiqué toutes les regles pernicieufes de ce perdu Machiauel, ou bien que Machiauel ait pris fa vie pour exemple & patron des autres meſchans Roys, & d'ou il a puiſé fes reigles, comme eſt celle qui dit, qu'il fuffit à vn Roy faire femblant d'homme de bien, ores qu'il ne le foit, d'eſtre plus craint qu'aimé, d'entretenir diuifions & debats entre fes fubiects, de ne craindre a fe pariurer de ne garder fa foy, d'appauurir fes fubiets pour les tenir en bride, de faire vne multitude d'Officiers, & plufieurs autres femblables. Mais c'eſt aſſez parlé de fa vie fans s'arreſter a reciter les autres crimes horribles dont il eſtoit comble. Hugues le Defpenfier le ieune fut puny felon fes demerites. Car en deteſtation de fa Sodomie on luy coupa fes parties honteuſes, & luy le coeur arraché & mis au feu, qui auoit couué & fabrique tant de mauuais confeils, tant de perfidie & trahifon.

Nous pouuons iuger par ce petit difcours, en quel eſtat eſtoit Angleterre, durant le regne de ce fol & effeminé Edouard. F'le n'euſt mareque d'un Gauerſton ou d'un Hugues le Defpennier, qui pour diuertir vne guerre contre les Heretiques, euſſent brouillé les cartes, & nourry diuifion entre les Princes Catholiques, & pluſtoſt practiqué l'alliance auec tous les diables d'enfer, pour empefcher que on ne vint a faire recherche exacte de leur vie.

Dieu veuille auoir pitie des Royaumes & republiques, qui font foubs le ioug d'un tel Chef, & gouuernées par vn fi dangereux confeil. Amen.

Cefte Hiftoire Tragique & memorable de Pierre de Gauerſton, iadis le mignon d'Edouard 2. Roy d'Angleterre, eſt fidellement tirée des Cproniques & traduicte de Latin en François.